LA ENERGÍA

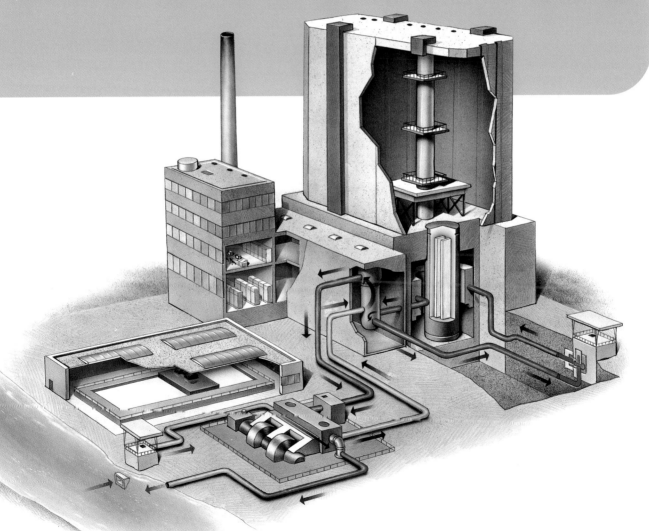

Ⓟ Parramón

Proyecto y realización
Parramón Ediciones, S.A.

Dirección editorial
Lluís Borràs

Ayudante de edición
Cristina Vilella

Textos
Néstor Navarrete

Diseño gráfico y maquetación
Estudi Toni Inglés

Ilustraciones
Estudio Marcel Socías

Dirección de producción
Rafael Marfil

Producción
Manel Sánchez

Primera edición: febrero 2004

Tecnología. La energía
ISBN: 84-342-2607-3

Depósito Legal: B-46.916-2003

Impreso en España
© Parramón Ediciones, S.A. – 2004
Ronda de Sant Pere, 5, 4ª planta
08010 Barcelona (España)
Empresa del Grupo Editorial Norma

www.parramon.com

RECURSOS
FABULOSOS

En el reducido espacio de este libro no se ha
pretendido tratar con detalle todos los
procedimientos para producir y modificar las
diferentes clases de energía; nuestro propósito
ha sido, principalmente, presentar, dando
prioridad al aspecto visual, algunos de los
recursos más importantes de los que se
extrae energía, además de unos cuantos procedimientos que en la
actualidad se emplean para ello.

La corriente eléctrica se ha convertido, en apenas un siglo, en la
forma más común de energía, tanto para el consumo doméstico
como para el industrial. Cada vez más las sociedades
desarrolladas, y las que están en el proceso de
alcanzar el desarrollo industrial, dependen de esta
clase de energía para realizar desde las labores más
corrientes hasta los procesos científicos e industriales
más sofisticados. Debido a su importancia hemos
considerado oportuno dedicar la mayor parte de este volumen a
esquematizar las formas más frecuentes de
producirla.

Esperamos que los lectores que se acercan
por primera vez a temas tecnológicos
encuentren en estas páginas un
instrumento entretenido y útil para
empezar a formarse una idea de cuáles
son los medios que actualmente
emplea la humanidad para
solucionar sus necesidades
energéticas.

LA FUERZA EN ACCIÓN

La energía bioquímica de nuestros músculos nos permite realizar muchas actividades, pero para ejecutar otras necesitamos utilizar formas de energía externas a nosotros.

¿QUÉ ES LA ENERGÍA?

Se podría decir que es "aquello" que tiene la capacidad de modificar, en cualquier aspecto, a la materia. Debido a la dificultad de definir "aquello" con palabras, de una forma precisa y comprensible, resulta más sencillo dar ejemplos de la energía en diferentes situaciones y, a partir de ellos, hacerse una idea personal de su naturaleza.

El agua corriente de un río posee energía –llamada cinética– porque es capaz de arrastrar un tronco de madera, por ejemplo; pero el agua estancada en una represa también posee energía –en este caso potencial– porque cuando se le permite fluir, puede mover molinos o turbinas. Los músculos de nuestros brazos poseen energía –bioquímica– porque pueden levantar o mover objetos pesados, pero también una goma elástica la posee –en la forma de potencial elástico– porque podemos lanzar con ella, por ejemplo, papelillos plegados. En estos cuatro ejemplos hay cuatro formas distintas de energía, que reciben nombres diferentes porque se manifiestan de distinta manera, pero todas ellas tienen algo en común: la capacidad de mover o modificar la materia y su indestructibilidad, pues la energía se transforma de una en otra, pero permanece constante en el conjunto del Universo.

LOS PRIMEROS PASOS

En cierta forma, la historia de la humanidad es la historia de sus necesidades energéticas y de los medios que ha encontrado para satisfacerlas. Durante cientos de miles de años los seres humanos sólo contaron, como el resto de los animales, con la energía de sus propios músculos. La primera fuente externa de

Aprovechar la energía cinética de los ríos es bastante sencillo; por eso fue, posiblemente, una de las primeras formas de energía externa utilizada por la humanidad.

Navegar a vela requiere unos conocimientos y una tecnología relativamente complejos, por lo que este medio de transporte es más moderno que las balsas y las canoas.

Las ruedas de paletas movidas por una corriente de agua pueden ser utilizadas para diferentes usos, pero el más antiguo es, posiblemente, mover un molino.

energía que utilizaron nuestros antepasados fue el fuego; primero aprendieron a conservar el que se producía accidentalmente, y, más tarde, lo produjeron con medios propios, frotando maderas o golpeando piedras.

Es posible que en época contemporánea a la producción de fuego también fueran capaces de utilizar las corrientes de los ríos para transportarse en balsas primitivas. Sin embargo, tuvo que pasar mucho tiempo hasta que la humanidad descubriera la utilidad del viento para la navegación y construyera veleros, o fuera capaz de utilizar la energía del agua corriente para moler el grano. Para que estos descubrimientos se produjeran, algunas tribus antiguas tuvieron que dejar de ser, poco a poco, cazadores y recolectores itinerantes, para convertirse en agricultores y ganaderos sedentarios.

NUEVAS FUENTES DE ENERGÍA

La preparación de la tierra para poder cultivarla, la molienda del grano para fabricar harina, o la elevación del agua para regar algunos campos sembrados lejos del cauce de los ríos, eran labores que se realizaban a mano. Todo cambiaría cuando se descubrió la manera de utilizar animales recién domesticados, como el caballo o algunos bóvidos, o de aprovechar la energía del viento o del agua corriente para aliviar al hombre de ese duro trabajo.

Los molinos de viento y las ruedas de paletas movidas por las corrientes de agua se encuentran entre los aparatos más antiguos creados por la humanidad para aprovechar fuentes de energía diferentes a la puramente muscular.

Durante muchos siglos los seres humanos perfeccionaron los instrumentos capaces de aprovechar estas fuentes de energía, pero tardaron mucho tiempo en descubrir otras nuevas. Así, sólo hace trescientos años que se construyó la primera máquina de vapor, y tanto los motores capaces de aprovechar la energía química del petróleo como los sistemas de producción de energía eléctrica son propios del siglo xx.

La utilización de la leña como combustible representa todavía cerca del diez por ciento del total de energía consumida en nuestro planeta.

Los molinos de viento fueron muy populares en los países productores de cereales desde la Edad Media hasta el siglo XIX.

LOS COMBUSTIBLES FÓSILES

La leña ha sido el combustible más usado en todo el mundo –excepto en los desiertos y los polos– durante más tiempo; pero también fueron muy utilizados los aceites vegetales y las grasas animales (sobre todo la de ballena), además del estiércol seco, como combustible para la cocción de alimentos, la producción de cerámica, la fundición de metales y la iluminación.

El extraordinario crecimiento de la población producido como consecuencia de la mejora en los métodos de producción agrícola durante los siglos XVIII y XIX, así como la emigración de una parte de la población del campo a las ciudades, hizo necesaria la explotación intensiva de las minas de carbón, que era un combustible conocido desde antiguo, pero que encontró en esos años nuevos sistemas de aprovechamiento. El carbón y la máquina de vapor protagonizaron la primera revolución industrial e iniciaron lo que conocemos como la era moderna.

El petróleo, al igual que el carbón y el gas natural, es un combustible fósil, es decir, es el resultado de complejos procesos naturales milenarios que transforman enormes masas de material orgánico, vegetal y animal, enterradas en el subsuelo, en una mezcla de hidrocarburos, esto es, de combinaciones de carbono con hidrógeno, que queman fácilmente. El petróleo, además, admite procesamientos industriales que separan sus componentes, lo que permite la producción de combustibles líquidos ligeros y de un gran poder energético, como el gasóleo y las gasolinas. Los motores de combustión interna se desarrollaron con tanta rapidez porque a principios del siglo XX el petróleo era un combustible fácil de extraer, barato, más limpio que el carbón y, además, parecía inagotable.

La máquina de vapor encontró una de sus aplicaciones más conocidas en las locomotoras de ferrocarril.

El automóvil es uno de los grandes consumidores de combustibles derivados del petróleo y, por lo tanto, una de las mayores fuentes de contaminación de la atmósfera.

LA ENERGÍA ELÉCTRICA

La energía de la electricidad proviene de los electrones que se mueven ordenadamente en los materiales llamados conductores eléctricos, que suelen ser metales. Pero para que esto ocurra de una forma controlada, es necesario que alguna clase de fuerza obligue a esos electrones a seguir una dirección determinada. La primera manera que se encontró para conseguir este efecto fueron determinadas reacciones químicas que eran capaces de ionizar –hacer perder o ganar electrones– a algunas sustancias. Se trataba de las primeras pilas o baterías eléctricas.

La energía eléctrica de las pilas y las baterías es de origen químico, pues la produce la combinación lenta de sus componentes.

Unas décadas más tarde se descubrió la manera de producir electricidad por medios físicos y entonces se perfeccionaron los generadores eléctricos.

Sin embargo, como éstos necesitaban girar continuamente para producir la corriente eléctrica, el problema pasó a ser qué clase de energía era mejor para ser transformada en corriente eléctrica. Se utilizó primero la del vapor producido en calderas que quemaban carbón o petróleo, luego se construyeron centrales hidroeléctricas y, más tarde, se ha hecho servir la energía nuclear, la eólica, la solar o la de las mareas.

Puede afirmarse que, a principios del siglo XXI, los seres humanos consumimos la práctica totalidad de la energía en forma de electricidad, o en la de combustibles fósiles que se queman directamente, como el gas natural en las cocinas y las calefacciones, o el gasóleo o la gasolina en los vehículos automotores. Los esfuerzos actuales se centran en producir electricidad de la manera más limpia posible y en poder sustituir los actuales motores de combustión interna por otros más respetuosos con el medio ambiente.

UN ANTIGUO BOSQUE DE PIEDRA

El carbón que se explota en la actualidad es el residuo fosilizado de enormes bosques tropicales que vivieron hace unos cuatrocientos millones de años. La gran energía que contiene se libera cuando arde, pero también se liberan algunos elementos contaminantes, por lo que la mayoría de los carbones deben ser tratados antes de convertirlos en combustible. La abundancia de carbón permitió que algunos países europeos lideraran la revolución industrial de los siglos XVIII y XIX.

LA MAYOR MINA DE CARBÓN A CIELO ABIERTO

La mina Yalloum, situada en el valle australiano de Latrobe, es un yacimiento carbonífero que contiene unos trece mil millones de toneladas de mineral. El filón tiene entre 30 y 90 m de espesor, aunque en algunos lugares llega a los 300 m. Su explotación se realiza mediante enormes norias excavadoras que efectúan cortes de entre 35 y 50 m en cada "mordisco".

ascensor ■
en el que suben las vagonetas cargadas de carbón

galería de servicio ■
en la que suelen instalarse los talleres, la enfermería, etc.

ascensor ■
para transportar a los mineros

tren ■
que arrastra las vagonetas cargadas de carbón hacia los ascensores

cinta transportadora ■
que lleva el carbón extraído de las galerías en explotación hasta las vagonetas

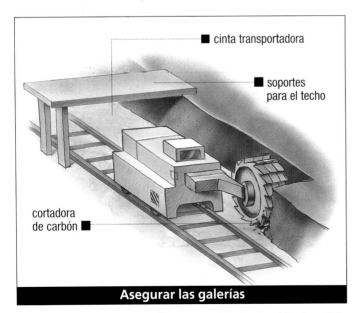

■ cinta transportadora

■ soportes para el techo

cortadora de carbón ■

Asegurar las galerías

Uno de los procedimientos más usados en la minería subterránea del carbón consiste en utilizar cortadoras mecánicas que, al mismo tiempo, aseguran el techo con vigas metálicas.

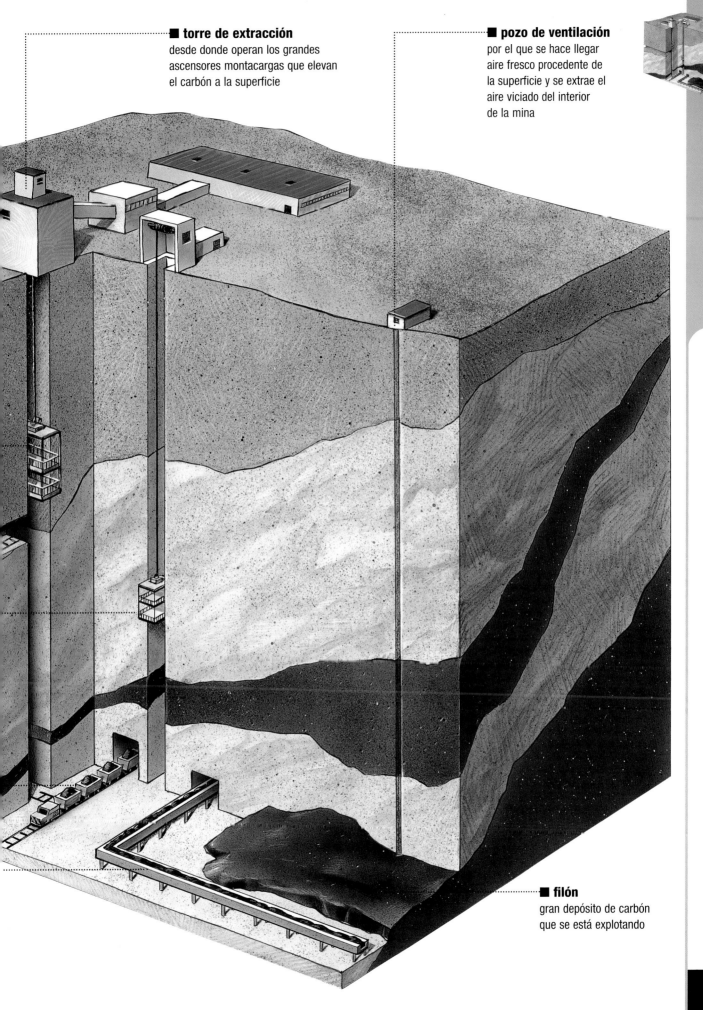

■ **torre de extracción**
desde donde operan los grandes
ascensores montacargas que elevan
el carbón a la superficie

■ **pozo de ventilación**
por el que se hace llegar
aire fresco procedente de
la superficie y se extrae el
aire viciado del interior
de la mina

■ **filón**
gran depósito de carbón
que se está explotando

EL CODICIADO ORO NEGRO

Igual que el carbón y el gas natural, el petróleo es un combustible fósil, es decir, es el producto de la acción de millones de años sobre inmensas masas de materia orgánica, vegetal y animal. Relativamente fácil de extraer y de convertir en combustibles más ligeros, como el gasoil y la gasolina, el petróleo se convirtió durante el siglo xx en la principal fuente de energía de la humanidad. Causa de guerras y principal contaminante atmosférico, el petróleo y sus derivados han permitido el extraordinario desarrollo industrial y económico de las últimas décadas.

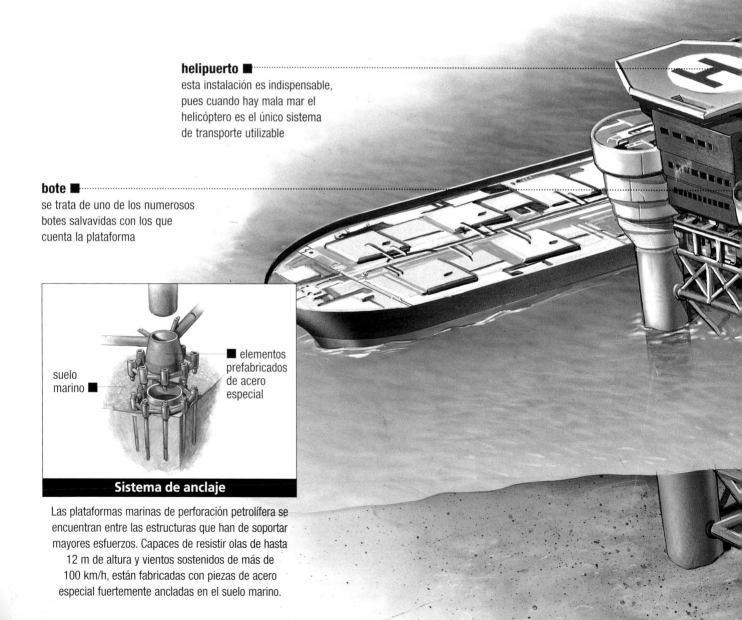

helipuerto ■
esta instalación es indispensable, pues cuando hay mala mar el helicóptero es el único sistema de transporte utilizable

bote ■
se trata de uno de los numerosos botes salvavidas con los que cuenta la plataforma

suelo marino ■

■ **elementos prefabricados de acero especial**

Sistema de anclaje

Las plataformas marinas de perforación petrolífera se encuentran entre las estructuras que han de soportar mayores esfuerzos. Capaces de resistir olas de hasta 12 m de altura y vientos sostenidos de más de 100 km/h, están fabricadas con piezas de acero especial fuertemente ancladas en el suelo marino.

grúa
en las plataformas trabajan varias grúas, tanto en la carga y descarga de barcos, como en la colocación de los tubos de perforación

torre de la antorcha
se conoce con este nombre por la llama que arde permanentemente en su cúspide, quemando residuos inútiles

torre de perforación
esta alta estructura es necesaria porque es aquí donde se añaden las largas secciones de tubo por las cuales saldrá el petróleo

EL PRIMER POZO
Aunque el petróleo ya se utilizaba anteriormente para usos domésticos, recogiéndolo de afloramientos en la superficie de la tierra, el primer pozo productor de petróleo fue perforado en el estado norteamericano de Pennsylvania en 1859.

puente de mando
del petrolero

almacén
en el que se guardan, principalmente, los tubos necesarios para la perforación

pabellones
destinados al alojamiento y los servicios para el personal que trabaja en la plataforma petrolífera marina

central
productora de electricidad, que utiliza como combustible el gas natural que suele estar asociado a los yacimientos petrolíferos

tubos
por los que asciende el petróleo

estructura
fabricada en acero de alta resistencia; la estructura de una plataforma marina es de las más sólidas que se han construido nunca

EL COMBUSTIBLE FÓSIL MÁS LIMPIO

Aunque era conocido desde hacía tanto tiempo como el petróleo y aparecía en la mayoría de las explotaciones petrolíferas, el gas natural fue tratado durante muchos años como un residuo indeseable y era quemado en los campos de extracción petrolífera. Compuesto mayoritariamente por gas metano, una vez limpio de sus impurezas, el gas natural es mucho menos contaminante que el carbón o el petróleo, pero al quemarlo también lanza a la atmósfera bióxido de carbono, uno de los gases productores del efecto invernadero.

UN RECURSO LIMITADO

El carbón, el petróleo y el gas natural necesitan, como mínimo, cientos de miles de años para formarse en el subsuelo terrestre, mientras que los seres humanos los extraemos a un ritmo acelerado, por lo que las reservas de estos combustibles disminuyen a una velocidad alarmante.

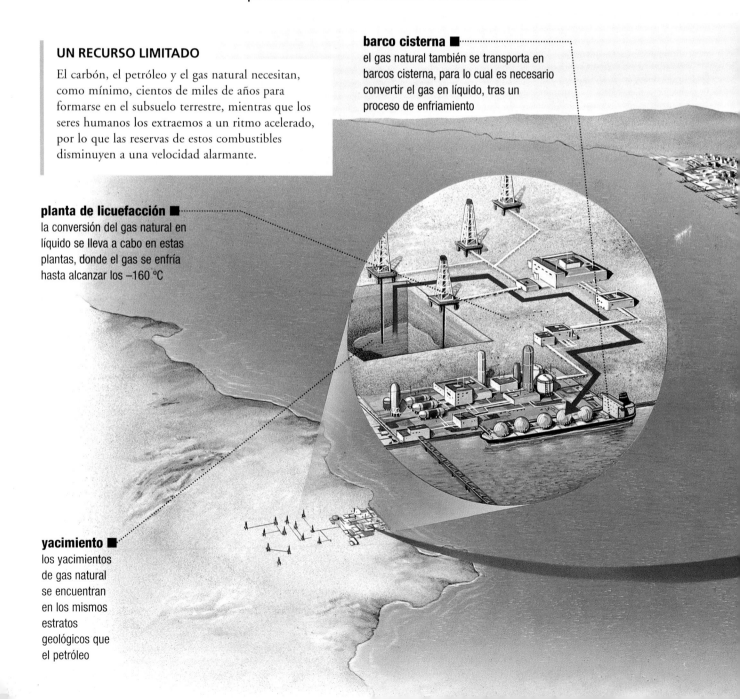

barco cisterna ■
el gas natural también se transporta en barcos cisterna, para lo cual es necesario convertir el gas en líquido, tras un proceso de enfriamiento

planta de licuefacción ■
la conversión del gas natural en líquido se lleva a cabo en estas plantas, donde el gas se enfría hasta alcanzar los −160 ºC

yacimiento ■
los yacimientos de gas natural se encuentran en los mismos estratos geológicos que el petróleo

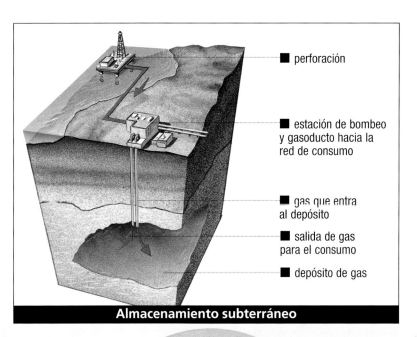

- perforación
- estación de bombeo y gasoducto hacia la red de consumo
- gas que entra al depósito
- salida de gas para el consumo
- depósito de gas

Almacenamiento subterráneo

Como el ritmo de extracción y el de consumo no suelen coincidir, es necesario contar con grandes depósitos de almacenamiento de gas. Uno de los procedimientos utilizados, cuando el terreno lo permite, es el aprovechamiento de grandes oquedades en terrenos salinos e impermeables.

■ **red de distribución**
el éxito del gas natural como combustible doméstico en las últimas décadas se debe a que las redes de distribución son cada vez más amplias y seguras

■ **gasoducto**
es una extensa red de tuberías por las que se bombea el gas tanto desde los yacimientos como desde las estaciones regasificadoras

planta de regasificación ■
cuando el gas ha sido transportado en forma líquida, antes de ser distribuido debe ser transformado en gas en las estaciones regasificadoras

LA CHISPA DEL CARBÓN, EL PETRÓLEO Y EL GAS

Las centrales termoeléctricas producen electricidad a partir de la energía que les procura la combustión de carbón, gasóleo o gas natural. Suelen ser muy contaminantes y una parte de la energía calórica de la combustión se pierde, pero estas centrales tienen la ventaja de poder instalarse cerca de los principales lugares de consumo eléctrico. El calor producido calienta agua para convertirla en vapor y la energía de éste se utiliza para mover las turbinas que, a su vez, mueven los generadores de electricidad.

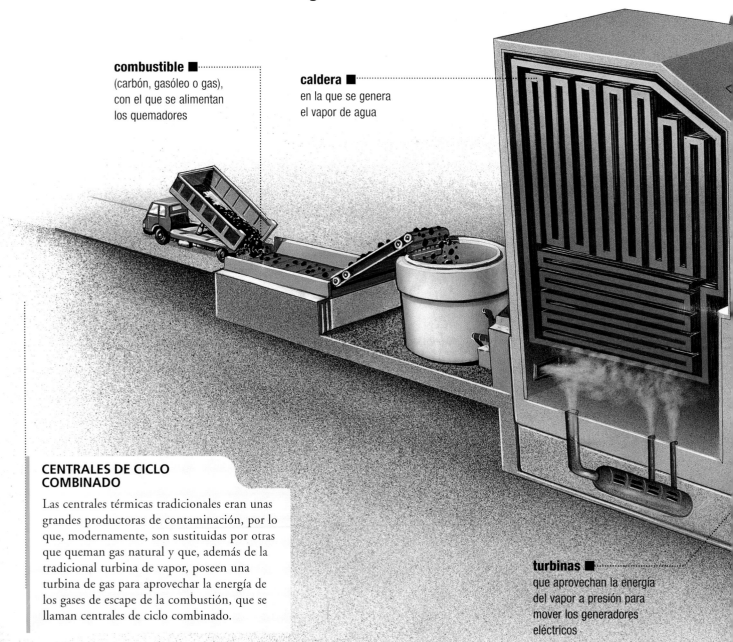

combustible ■
(carbón, gasóleo o gas),
con el que se alimentan
los quemadores

caldera ■
en la que se genera
el vapor de agua

turbinas ■
que aprovechan la energía
del vapor a presión para
mover los generadores
eléctricos

CENTRALES DE CICLO COMBINADO

Las centrales térmicas tradicionales eran unas grandes productoras de contaminación, por lo que, modernamente, son sustituidas por otras que queman gas natural y que, además de la tradicional turbina de vapor, poseen una turbina de gas para aprovechar la energía de los gases de escape de la combustión, que se llaman centrales de ciclo combinado.

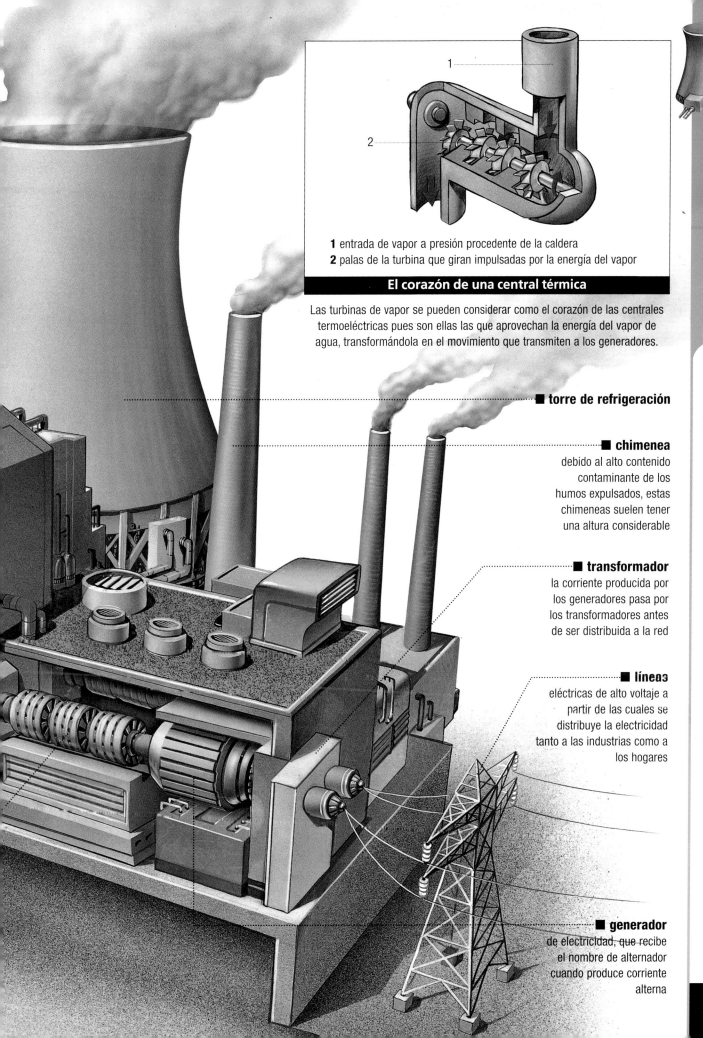

1 entrada de vapor a presión procedente de la caldera
2 palas de la turbina que giran impulsadas por la energía del vapor

El corazón de una central térmica

Las turbinas de vapor se pueden considerar como el corazón de las centrales termoeléctricas pues son ellas las que aprovechan la energía del vapor de agua, transformándola en el movimiento que transmiten a los generadores.

■ **torre de refrigeración**

■ **chimenea**
debido al alto contenido contaminante de los humos expulsados, estas chimeneas suelen tener una altura considerable

■ **transformador**
la corriente producida por los generadores pasa por los transformadores antes de ser distribuida a la red

■ **líneas**
eléctricas de alto voltaje a partir de las cuales se distribuye la electricidad tanto a las industrias como a los hogares

■ **generador**
de electricidad, que recibe el nombre de alternador cuando produce corriente alterna

DEL AGUA CORRIENTE A LA CORRIENTE ELÉCTRICA

Las centrales hidroeléctricas son una de las formas más limpias de producir electricidad, pues utilizan la fuerza del agua embalsada cuando se la libera para mover los generadores. Sin embargo, tienen el inconveniente de que alteran el equilibrio ecológico de los parajes de montaña en los que suelen construirse, además de estar situadas en lugares alejados de los principales centros de consumo eléctrico. A pesar de ello, en muchos casos sus beneficios superan los inconvenientes.

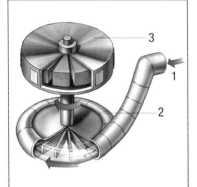

1 entrada de agua a presión
2 turbina
3 generador eléctrico

Turbina hidráulica y generador eléctrico

El conjunto formado por las turbinas y los generadores eléctricos son obras de ingeniería muy complicadas porque dependen de las condiciones específicas de cada central hidroeléctrica.

estación ■
principal de control y distribución

salas ■
de control donde se encuentran los transformadores desde los que se canaliza la corriente eléctrica producida

control ■
de la compuerta de desagüe

compuerta ■
de desagüe por la que sale el agua que ya ha pasado por las turbinas y que va a unirse al caudal principal

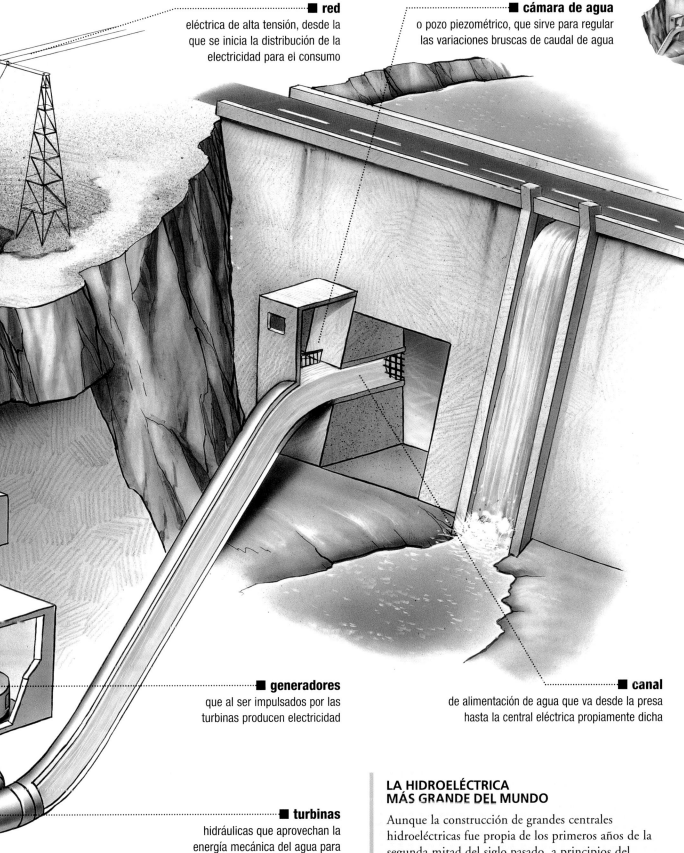

■ red

eléctrica de alta tensión, desde la
que se inicia la distribución de la
electricidad para el consumo

■ cámara de agua

o pozo piezométrico, que sirve para regular
las variaciones bruscas de caudal de agua

■ generadores

que al ser impulsados por las
turbinas producen electricidad

■ canal

de alimentación de agua que va desde la presa
hasta la central eléctrica propiamente dicha

■ turbinas

hidráulicas que aprovechan la
energía mecánica del agua para
mover los generadores de
electricidad

LA HIDROELÉCTRICA
MÁS GRANDE DEL MUNDO

Aunque la construcción de grandes centrales
hidroeléctricas fue propia de los primeros años de la
segunda mitad del siglo pasado, a principios del
siglo XXI en la República Popular China se está
construyendo la represa de las Tres Gargantas, sobre
el río Yangtsé, que será la mayor central
hidroeléctrica de la Tierra. Embalsará 39.300
millones de m³ de agua y producirá 84.700 millones
de kW/h con sus 26 gigantescos generadores.

LA INMENSA ENERGÍA DEL ÁTOMO

En las centrales termonucleares se aprovecha la colosal energía que desprenden los átomos de uranio enriquecido cuando son bombardeados con neutrones. Esta operación se lleva a cabo en el interior de reactores perfectamente aislados por gruesas paredes de hormigón, en los que se recoge el calor desprendido para producir vapor de agua y mover las turbinas, de manera similar a como se hace en las centrales térmicas que queman combustibles convencionales.

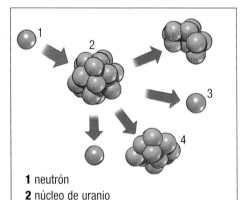

1 neutrón
2 núcleo de uranio
3 neutrones desprendidos del núcleo
4 fracciones del núcleo

Reacción en cadena

Aunque se necesita bastante energía para acelerar neutrones que impacten con suficiente fuerza en los núcleos de uranio, una vez que se consigue, la reacción continúa por sus propios medios. Durante el proceso, cada neutrón que impacta hace saltar varios de ellos que chocan, a su vez, contra otros núcleos, en lo que se conoce como reacción en cadena.

centro de control ■
altamente automatizado e informatizado, desde donde se vigilan todas las operaciones

planta del evaporador ■
tercer elemento del conjunto formado también por el sobrecalentador y el economizador, para aprovechar mejor el vapor producido

turbogeneradores ■
que aprovechan el vapor generado a alta presión en las calderas anexas al reactor, para producir electricidad

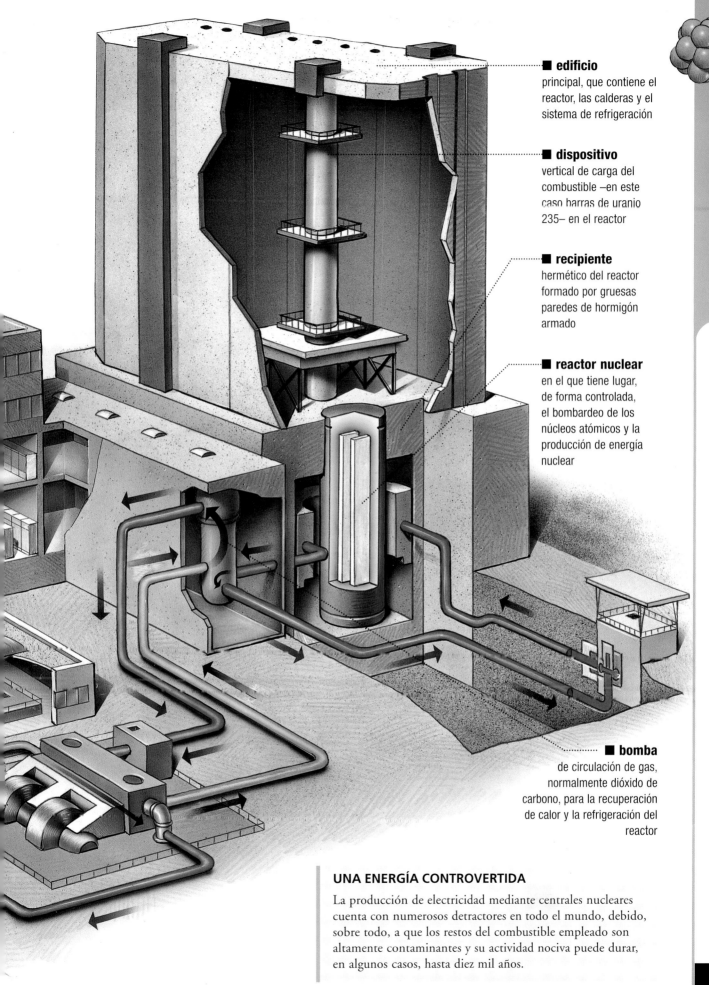

■ **edificio**
principal, que contiene el
reactor, las calderas y el
sistema de refrigeración

■ **dispositivo**
vertical de carga del
combustible –en este
caso barras de uranio
235– en el reactor

■ **recipiente**
hermético del reactor
formado por gruesas
paredes de hormigón
armado

■ **reactor nuclear**
en el que tiene lugar,
de forma controlada,
el bombardeo de los
núcleos atómicos y la
producción de energía
nuclear

■ **bomba**
de circulación de gas,
normalmente dióxido de
carbono, para la recuperación
de calor y la refrigeración del
reactor

UNA ENERGÍA CONTROVERTIDA

La producción de electricidad mediante centrales nucleares
cuenta con numerosos detractores en todo el mundo, debido,
sobre todo, a que los restos del combustible empleado son
altamente contaminantes y su actividad nociva puede durar,
en algunos casos, hasta diez mil años.

CÓMO ATRAPAR LOS RAYOS DE SOL

La producción de electricidad a partir de la energía solar se basa en el hecho de que cuando la luz incide sobre determinados materiales modificados, como el silicio, con algunos átomos de fósforo y boro, algunos electrones saltan de sus órbitas y se produce una corriente eléctrica que se puede aprovechar. La electricidad producida es poca, por lo que se aplica sobre todo a uso doméstico o en lugares aislados. Aunque las instalaciones son relativamente caras, se amortizan en unos pocos años debido a que el combustible, en este caso la luz solar, es gratuito.

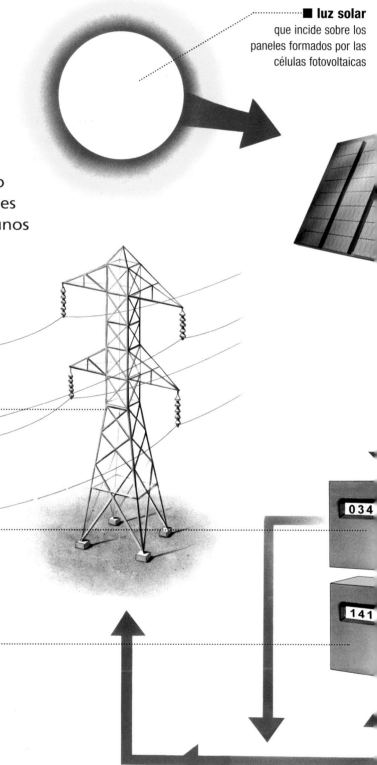

■ **luz solar**
que incide sobre los paneles formados por las células fotovoltaicas

conexión ■
a la red general de distribución de electricidad

contador ■
de la energía eléctrica producida mediante las células fotovoltaicas

contador ■
de la energía eléctrica consumida

034

141

ALBERT EINSTEIN

Aunque el descubridor del efecto fotoeléctrico no fue Albert Einstein sino Lenard, que lo descubrió en 1902, el genial físico alemán explicó, en 1905, la manera como la energía contenida en la radiación luminosa actuaba sobre algunos metales, haciendo que se desprendiesen electrones de ellos. Fue gracias a este trabajo que recibió el premio Nobel de física.

paneles ■
orientados de manera que reciban la mayor cantidad posible de radiación solar durante todo el año

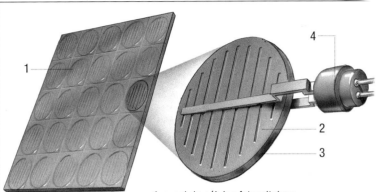

1 panel de células fotovoltaicas
2 capa de silicio con algunos átomos de fósforo
3 capa de silicio con algunos átomos de boro
4 corriente eléctrica producida

Fotones y electrones

Cada célula fotovoltaica está compuesta por dos capas de silicio "contaminadas", una con átomos de fósforo y otra con átomos de boro. La energía de los fotones de la luz solar provoca el movimiento de electrones entre las dos capas que tienen diferente carga eléctrica. La corriente eléctrica así producida es la que se aprovecha.

■ **conjunto**
formado por el regulador de carga, las baterías de almacenamiento de corriente continua y el transformador de corriente continua a corriente alterna

■ **conexión**
a la red de autoconsumo

LA ELECTRICIDAD QUE VIENE DEL VIENTO

Que la energía del viento se puede convertir en otras formas útiles de energía es un hecho conocido desde la antigüedad, como lo atestiguan las embarcaciones de vela o los molinos de viento. Sin embargo, su utilización como fuente de energía eléctrica es un hecho reciente, pues la tecnología necesaria para conseguirlo no se desarrolló hasta la segunda mitad del siglo XX. Se trata de una forma limpia y barata de producir electricidad, pero poco apreciada por los defensores de los paisajes naturales.

PARQUES EÓLICOS

Desde 1980, el avance en la tecnología de los aerogeneradores ha permitido la explotación comercial de la energía eléctrica así producida. Pero para que resulte económicamente rentable, los aparatos deben agruparse en torno a los llamados parques eólicos, algunos de los cuales, como el de Palm Springs (California, EEUU) cuentan con más de mil torres.

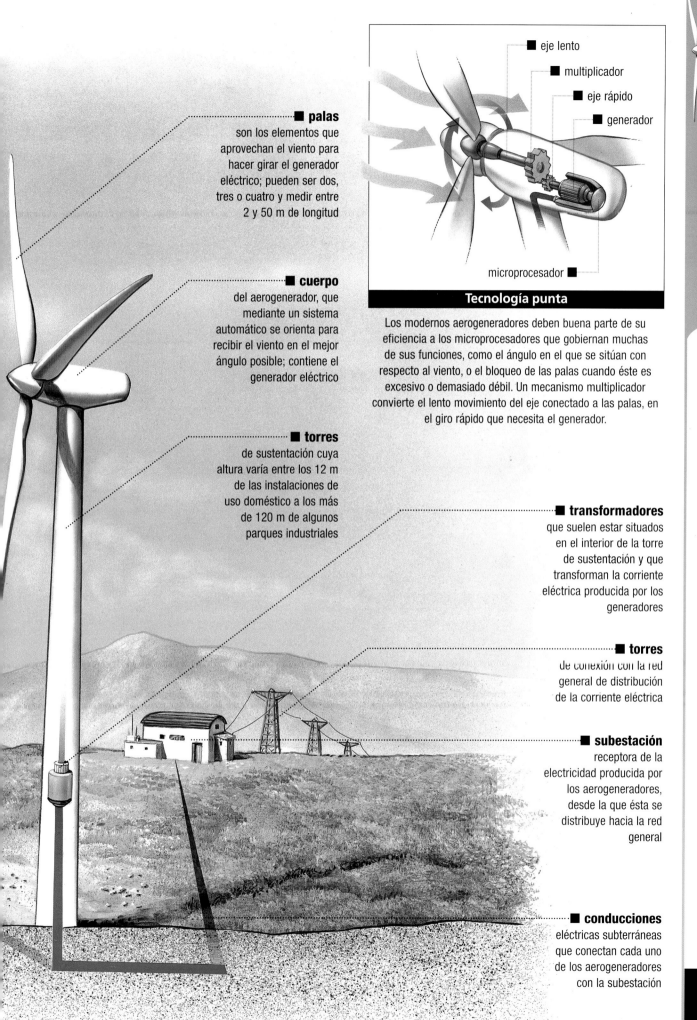

palas

son los elementos que aprovechan el viento para hacer girar el generador eléctrico; pueden ser dos, tres o cuatro y medir entre 2 y 50 m de longitud

cuerpo

del aerogenerador, que mediante un sistema automático se orienta para recibir el viento en el mejor ángulo posible; contiene el generador eléctrico

torres

de sustentación cuya altura varía entre los 12 m de las instalaciones de uso doméstico a los más de 120 m de algunos parques industriales

eje lento

multiplicador

eje rápido

generador

microprocesador

Tecnología punta

Los modernos aerogeneradores deben buena parte de su eficiencia a los microprocesadores que gobiernan muchas de sus funciones, como el ángulo en el que se sitúan con respecto al viento, o el bloqueo de las palas cuando éste es excesivo o demasiado débil. Un mecanismo multiplicador convierte el lento movimiento del eje conectado a las palas, en el giro rápido que necesita el generador.

transformadores

que suelen estar situados en el interior de la torre de sustentación y que transforman la corriente eléctrica producida por los generadores

torres

de conexión con la red general de distribución de la corriente eléctrica

subestación

receptora de la electricidad producida por los aerogeneradores, desde la que ésta se distribuye hacia la red general

conducciones

eléctricas subterráneas que conectan cada uno de los aerogeneradores con la subestación

EXPRIMIENDO ELECTRICIDAD
A LOS RESIDUOS

Aunque quemar leña es la forma más antigua de producción humana de energía, hacerlo para producir electricidad es una técnica muy reciente. También se produce corriente eléctrica a partir de los gases producidos por las basuras orgánicas enterradas en plantas de tratamiento de los residuos, y aprovechando los gases producidos en el tratamiento de los lodos de las aguas residuales. Las pequeñas plantas de producción eléctrica que utilizan residuos herbáceos o leñosos son cada vez más corrientes en las áreas rurales de muchos países.

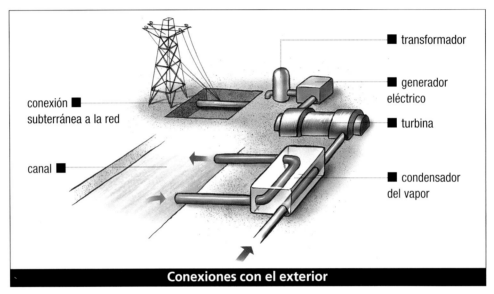

■ transformador

■ generador eléctrico

■ turbina

■ condensador del vapor

conexión ■ subterránea a la red

canal ■

Conexiones con el exterior

La planta recibe del exterior el agua necesaria para la refrigeración del vapor que ya ha sido utilizado en las turbinas, que una vez condensado, se devuelve al canal. La electricidad producida, transformada al voltaje de distribución, se incorpora a la red general.

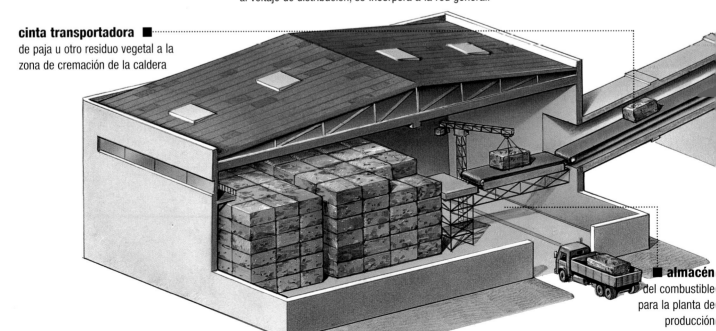

cinta transportadora ■
de paja u otro residuo vegetal a la zona de cremación de la caldera

■ **almacén**
del combustible para la planta de producción

UNA NUEVA AGRICULTURA

Las zonas agrarias menos productivas ven con optimismo
la implantación de cultivos para la producción de energía,
ya sea aquellos capaces de producir alcoholes o aceites que
puedan usarse como combustible, como los que puedan
ser usados en las plantas de combustión de biomasa.

chimenea ■
aunque estas modernas plantas
de combustión de biomasa
producen muy pocos agentes
contaminantes, son necesarias
las altas chimeneas de
expulsión de humos

generador ■
de vapor, al entrar en
contacto el circuito de
agua con el calor
producido en la caldera

■ **conexión**
con las turbinas de vapor
y con el área de los
generadores eléctricos

■ **filtros**
antes de ser lanzados al medio
ambiente por la chimenea, los
humos producidos se someten a
un complejo sistema de flltrado

caldera ■
es la parte central de la
instalación y suele sufrir ligeras
modificaciones según sea el
combustible que ha de quemar

■ **precalentador**
que calienta el aire que se
introduce en la caldera para
favorecer la combustión

■ **depósitos**
de cenizas que, al igual que otros
residuos sólidos, reciben un tratamiento
para su posterior utilización

LA ENERGÍA DE LAS MAREAS

Desde que se empezaron a construir las grandes centrales hidroeléctricas se pensó que, de la misma manera que la energía del agua embalsada podía generar electricidad al dejarla fluir, la energía de las mareas al ascender o descender también podía ser útil. La dificultad estriba en que sólo en unos pocos lugares del mundo la diferencia del nivel del mar entre las dos mareas es suficiente como para permitir su aprovechamiento para producir electricidad.

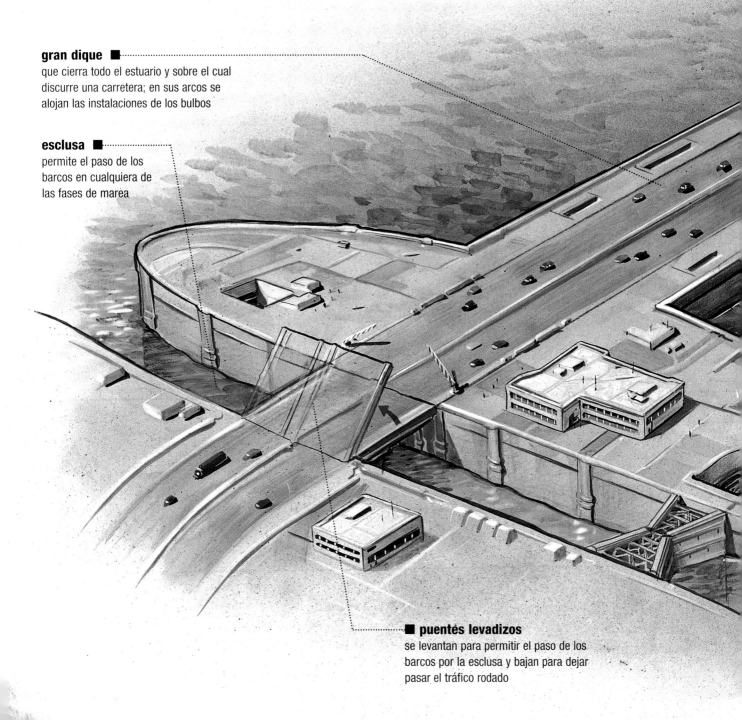

gran dique ■
que cierra todo el estuario y sobre el cual discurre una carretera; en sus arcos se alojan las instalaciones de los bulbos

esclusa ■
permite el paso de los barcos en cualquiera de las fases de marea

■ **puentes levadizos**
se levantan para permitir el paso de los barcos por la esclusa y bajan para dejar pasar el tráfico rodado

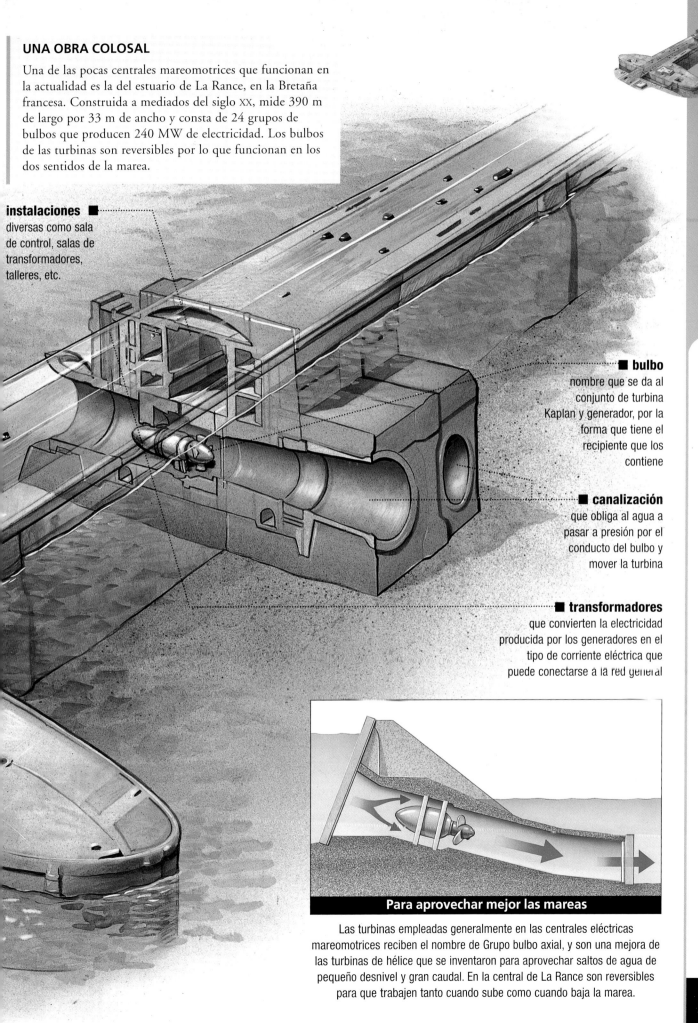

UNA OBRA COLOSAL

Una de las pocas centrales mareomotrices que funcionan en la actualidad es la del estuario de La Rance, en la Bretaña francesa. Construida a mediados del siglo XX, mide 390 m de largo por 33 m de ancho y consta de 24 grupos de bulbos que producen 240 MW de electricidad. Los bulbos de las turbinas son reversibles por lo que funcionan en los dos sentidos de la marea.

instalaciones ■
diversas como sala de control, salas de transformadores, talleres, etc.

■ **bulbo**
nombre que se da al conjunto de turbina Kaplan y generador, por la forma que tiene el recipiente que los contiene

■ **canalización**
que obliga al agua a pasar a presión por el conducto del bulbo y mover la turbina

■ **transformadores**
que convierten la electricidad producida por los generadores en el tipo de corriente eléctrica que puede conectarse a la red general

Para aprovechar mejor las mareas

Las turbinas empleadas generalmente en las centrales eléctricas mareomotrices reciben el nombre de Grupo bulbo axial, y son una mejora de las turbinas de hélice que se inventaron para aprovechar saltos de agua de pequeño desnivel y gran caudal. En la central de La Rance son reversibles para que trabajen tanto cuando sube como cuando baja la marea.

RAYOS DE SOL BIEN DIRIGIDOS

El nombre técnico de estas centrales es el de heliotermodinámicas de torre, pero popularmente se las conoce como hornos solares, porque el calor recibido en lo alto de la torre por los centenares de espejos dirigidos hacia ella, calienta la caldera allí instalada hasta temperaturas que pueden sobrepasar los 800 °C. Esa energía térmica se aprovecha en los turbogeneradores para producir corriente eléctrica.

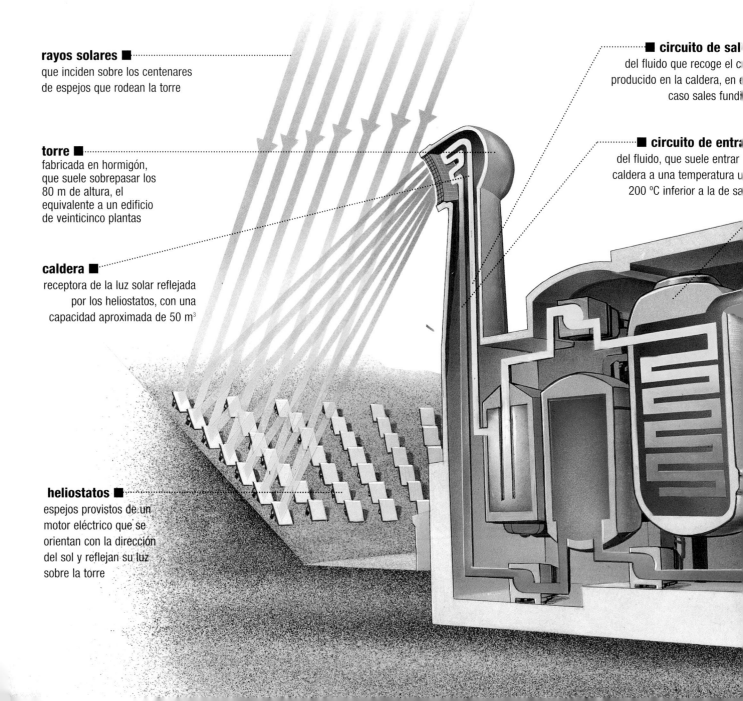

rayos solares ■
que inciden sobre los centenares de espejos que rodean la torre

torre ■
fabricada en hormigón, que suele sobrepasar los 80 m de altura, el equivalente a un edificio de veinticinco plantas

caldera ■
receptora de la luz solar reflejada por los heliostatos, con una capacidad aproximada de 50 m³

heliostatos ■
espejos provistos de un motor eléctrico que se orientan con la dirección del sol y reflejan su luz sobre la torre

■ circuito de sal
del fluido que recoge el c
producido en la caldera, en e
caso sales fund

■ circuito de entra
del fluido, que suele entrar
caldera a una temperatura u
200 °C inferior a la de sa

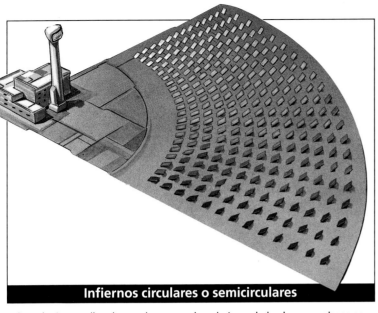

Infiernos circulares o semicirculares

Los cientos o miles de espejos que rodean la torre de los hornos solares se disponen en torno a ésta formando círculos o semicírculos, según sea el tipo de caldera que se ha montado en ella.

CENTRALES GIGANTES

Entre las centrales heliotermodinámicas de torre más grandes del mundo se encuentran la de Barstow (California, EEUU), que posee 1.720 heliostatos y produce 10 MW; la de Targassonne (Francia), con 290 heliostatos sobre una superficie de más de 10.000 m²; y las de Tabernas (España), una con 450 espejos que produce 500 kW, y otra de 300 heliostatos que produce 2 MW.

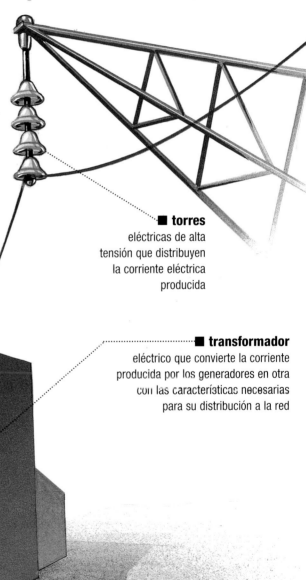

■ **generador de vapor**
en él se aprovecha la energía calórica recogida en la torre para producir el vapor de agua que moverá las turbinas

■ **conjunto**
formado por las turbinas de vapor y los generadores de electricidad

■ **torres**
eléctricas de alta tensión que distribuyen la corriente eléctrica producida

■ **transformador**
eléctrico que convierte la corriente producida por los generadores en otra con las características necesarias para su distribución a la red

GLOSARIO

Átomo	Cantidad mínima de un elemento químico, por ejemplo el oxígeno, que conserva todas sus propiedades. Está compuesto por protones, neutrones y electrones.
Núcleo atómico	Parte interior del átomo en la que están los protones y los neutrones. Es la que interviene en las reacciones nucleares.
Electrón	Componente del átomo, sin masa pero cargado de energía eléctrica, que gira en torno al núcleo e interviene en todas las reacciones químicas.
Eólica	Se dice de la energía obtenida del viento. El nombre procede de Eolo, el dios griego de los vientos.
Helioeléctrico	Se dice del proceso de conversión de la energía solar destinada a producir electricidad. El nombre procede de Helios, el dios griego del Sol y de la luz del día.
Neutrón	Componente del núcleo atómico con igual masa que el protón, pero sin energía eléctrica.
Protón	Componente principal del núcleo atómico con masa y carga eléctrica con la misma intensidad que la de un electrón, pero opuesta.
Uranio	Elemento químico muy pesado que en estado natural es radiactivo.
Radiactividad	Actividad del núcleo atómico que consiste en la emisión de neutrones y energía desde el núcleo al exterior del átomo.
Watt	Unidad de medida de la potencia.
kW	Kilowatt, o mil watt, unidad de medida de la potencia.
MW	Megawatt, o millón watt.
kW/h	Kilowatt por hora, unidad de medida de la energía.

PARA SABER MÁS

LA PRIMERA MINICENTRAL SOLAR

Lo que podría considerarse como la primera minicentral solar fue construida por el ingeniero francés A.B. Mouchot para ser presentada en la Exposición Universal de París de 1878. Consistía en un concentrador solar cónico colocado sobre un vaporizador que alimentaba una turbina de vapor que, a su vez, movía una prensa de imprenta.

ENERGÍA EÓLICA EN DINAMARCA

Dinamarca es uno de los países que mejor explotan la energía eólica y ya supera los 2.000 MW de potencia; también cuenta con el mayor parque eólico marino, el de Middelgrunden, que tiene 20 aerogeneradores de 2 MW de potencia cada uno.

CENTRALES NUCLEARES DIFERENTES

Aunque se tiende a pensar en una única clase de central nuclear, lo cierto es que existen al menos 16 técnicas diferentes para obtener energía a partir de reacciones de fisión nuclear, condicionadas, sobre todo, por el tipo de material que se emplea como combustible y las sustancias utilizadas para moderar la reacción.

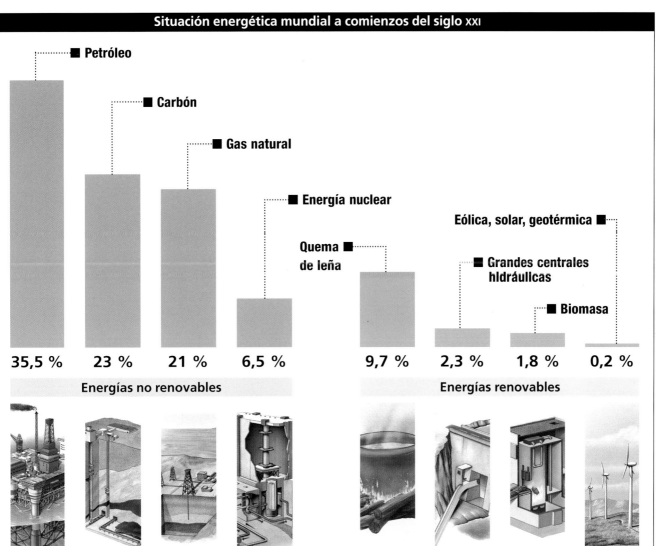

Situación energética mundial a comienzos del siglo XXI

- ■ Petróleo
- ■ Carbón
- ■ Gas natural
- ■ Energía nuclear
- Quema ■ de leña
- Eólica, solar, geotérmica ■
- ■ Grandes centrales hidráulicas
- ■ Biomasa

| 35,5 % | 23 % | 21 % | 6,5 % | 9,7 % | 2,3 % | 1,8 % | 0,2 % |

Energías no renovables

Energías renovables